생명에게 묻고 말씀에서 찾는 사람들 ❶

신부님, 질문있습니다

-생명수호봉사자들-

신부님, 질문있습니다

신부님,
질문있습니다
-생명수호봉사자들-

교회인가 | 2023년 2월 21일
초판 1쇄 | 2023년 3월 15일

지 은 이 | 이동호
펴 낸 이 | 정순택
펴 낸 곳 | 천주교 서울대교구 생명위원회
　　　　　서울시 중구 명동길 74 천주교 서울대교구청 생명위원회
　　　　　전화 02·727·2350~4 팩스 02·727·2355
　　　　　이메일 vitavia@hanmail.net
　　　　　홈페이지 http://www.forlife.or.kr
편집·제작 | 기쁜소식 02·762·1194

가격 10,000원

ⓒ 이동호, 2023
ISBN 978-89-6661-280-2 04230
ISBN 978-89-6661-281-9 04230(세트)

성경·교회 문헌 ⓒ 한국천주교중앙협의회, 2023.

이 책은 저작권법에 의해 한국 내에서 독점적인 권리를 갖는
저작물이므로 무단전재와 무단복제를 금합니다.

추천의 글

　우리는 생명을 둘러싼 여러 이슈에 대해 무엇이 옳은지 판단하고 선택해야 하는 기로에서 혼란스러울 때가 적지 않은 시대에 살고 있습니다. 생명운동가들은 낙태나 안락사는 절대 인정할 수 없는 잘못이라고 주장하면 반면, 많은 이들이 '자기 결정권'을 내세우며, 낙태나 조력자살을 개인의 권리라고 옹호하기도 합니다. 그런데 주체성, 자율성, 자기 결정권 등이 중요한 가치임은 물론 분명하지만 실제로 그것들을 제대로 행사하기 위해서는 과연 결정의 주체인 사람들은 스스로 올바른 결정을 할 수 있을 만큼 그 사안에 대해 충분히 알고 있을까요? 충분한 정보와 그 사안에 담겨있는 윤리적 의미와 사회적, 역사적 맥락을 제대로 알지 못한다면 주체적인 선택을 내리는 일 자체도 너무 어렵거니와 때론 그 선택의 결과에 따른 책임을 감당하지도 못하는 고통스럽고 혼란스러운 처지에 놓이기도 합니다.

모든 윤리적인 판단이 그러하지만, 생명과 관련된 이슈들은 점점 더 복잡하고 어려워지고 있습니다. 전통적인 피임과 낙태 문제뿐 아니라 과학기술의 발전에 따른 문제들 즉 인공수정, 배아 연구를 비롯한 생명공학, 연명의료 중단, 의사조력자살, 대리모와 유전자 검사 등 그 실상조차 알기 어려운 새로운 문제들을 갑자기 맞닥뜨려야 하는 경우가 점점 많아지고 있습니다. 교회가 반대하는 동성애, 젠더 이데올로기, 성별정체성과 같은 주제들도 교회 밖에서는 긍정적으로 수용하라는 목소리가 커지니 신자들은 혼란스럽습니다. 이런 맥락에서 우리는 주체적 개인으로서 올바른 판단을 내리기 위해서, 또 공동체의 일원으로서 우리 사회가 보편적인 생명 존중의 가치로 나가도록 기여하기 위해서도, 그리고 그리스도인으로서 복음의 가치관대로 충실히 살기 위해서도, 생명과 관련된 주요 이슈들에 대해 교회의 가르침을 제대로 알고 윤리적 판단이 필요한 사안은 그 근거와 의미를 이해할 필요가 있습니다.

이동호 신부님은 윤리신학자로서 오랜 기간 가톨릭대학교 신학대학에서 신학생들을 가르치셨고, 생명위원회 교육분과장으로서 여러 기회에 글과 강의로 생명교육에 헌신해 오셨습니다. 최근 생명위원회 웹진 '생명을 위하여' 칼럼을 통해서는 이런 복잡한 생명윤리 이슈들을 시사성 있고, 짧지만 압축적으로 교회의 가르침을 편안하고 재미있게 접근하도록 이끌어 주는 글을 써주셨습니다. 주변에 생명윤리와 관련된 글들이 많이 있지만 이동호 신부님처럼 간결하고 이해하기 쉽게 전달해주는 글은 흔치 않습니다. 그동안 신부님께서 칼럼에 기고하신 글들을 묶어서 펴낸 이 책은 교회의 가르침을 독자들이 쉽게 이해할 수 있는 구성으로 제시해주기에 신자들의 올바른 판단과 선택에 길잡이가 될 것입니다. 올바른 생명 가치관 정립을 위한 신부님의 노력과 기여에 감사드리며, 독자들의 일독을 권합니다.

박정우 후고 신부(서울대교구 생명위원회 사무국장)

발간사

크기는 작지만 큰 감사를 드리며

본당의 대표봉사자 중 한 분이 들려준 하소연입니다. "제 옆집의 고교생이 중학생인 자기 여동생을 임신시켰습니다. 신부님, 제 두 아들에게 뭐라도 말을 해야 하겠는데, 걱정만 앞섭니다. 몰래 인터넷 음란물을 통해 성교육을 배우고 있는 눈치입니다. 그저 혼인 전까지는 아무 일 없기를 바랄 뿐입니다."

그렇지만 전문직 의사도 약사도 반윤리적인 의료행위와 비도덕적인 약품보급을 하는 현행 질서 앞에서 갈등하는 양심을 이렇게 표현합니다. "제가 거절하면 어차피 또 다른 곳으로 갈 텐데, 그래서 해주고 맙니다."

평범한 교우의 집안에서든 전문직 신자의 일터에서든 서로가 바쁜 판에 알려드리기도 지켜내기도 부담스럽답니다. 하여 마음의 평화를 위해서는 슬그머니 양심을 외면하게 된답니다.
 이렇게 외면하는 현실은 본당 사목자도 수도자도 닮아가게 됩니다. 아끼는 교우들과 낯선 신자들의 자포자기한 상태의 양심을 직무상 일깨우려고 하다가 지쳐서 슬그머니 화제를 돌리게 됩니다.

뭐 실속 있게 그러나 의미 있게 해드릴 것이 없을까? 아니 내가 사랑하는 가족과 아끼는 지인들에게 흥미를 드릴 수는 없을까? 재주가 없으니 그저 하느님의 자비하심과 성모 어머니의 전구를 청하며 묵주를 들고 이 능선 저 계곡을 걷고 또 걷습니다.

그리고 용기를 냈습니다. 웹진 〈생명을 위하여〉의 생명칼럼을 연재해온 원고를 명절의 '선물'처럼 간편하게 드릴 소책자처럼 꾸며보기로 합의했습니다. 다행히 우리 교구의 장상들께서 제게 '시간'도 배려해 주셨습니다.

내용이 딱딱하지 않을 수는 없지만, 그래서 상호적인 대화 방식으로 풀어보기로 하였고, 적절한 시사 뉴스 속에 녹여보았습니다. 탄생·성·사랑·혼인·죽음·동물 등 생명과 관련된 주제들에 대한 성찰을 짧게 매듭짓고 넘어가도록 구성을 했는데, 내용이 많이 압축된 것입니다. 초심자 분들은 본당의 소모임 중에서 보충을 받으시거나 개인 생활 중에 추가 독서가 필요하실 수 있겠습니다. 내 인생의 의미와 보람과 가치 그리고 우리 가톨릭 신앙을 확인하기 위해서라도 일독을 권해 드립니다.

크기는 작아도 신세진 것은 똑같습니다. 바쁜 가운데 추천사까지 써주신 생명위원회 후고 신부님과 팀원 분들에게 그리고 실무적으로 꼼꼼하고 아름답게 책자로 꾸며주신 기쁜 소식 출판사의 리디아 실장님과 동료 분들에게 감사를 드립니다. 감사합니다.

북한산 맑은 물이 넘치는 수유동 강도영관에서
이동호 프란치스코 신부

차례

추천의 글
발간사

I. 인간 생명
나라는 인간, 언제 생겨나는가? • 14
우리라는 인간, 왜 생겨나는가? • 19

II. 동성애
동성애는 모두 타고난 성향인가? • 25

III. 정결
성적 욕구와 정욕은 어떻게 다른가? • 32
성욕보다 더 강한 본능이 있다 • 38

IV. 안락사
I want to die! • 45
조력 자살은 자율성의 종말 • 50

V. 낙태죄
태아를 죽이는 행위, 죄가 아닌가? • 57
아이를 죽이는 행위, 그래서 대죄 아닌가? • 62

VI. 동물 생명
피조물의 탄식과 진통 그리고 해방 • 69
동물의 복지 그리고 그의 안락사… • 74

Ⅰ. 인간 생명

미켈란젤로의 '아담의 창조'_1508~1512년, 로마 시스티나 성당

- 나라는 인간, 언제 생겨나는가?
- 우리라는 인간, 왜 생겨나는가?

나라는 인간, 언제 생겨나는가?

"주 하느님께서 흙의 먼지로 사람을 빚으시고,
그 코에 생명의 숨을 불어넣으시니, 사람이 생명체가 되었다"(창세 2,7)

들어가는 말 "동의 없이 왜 날 낳았어요?"

부모를 상대로 소송 준비를 하는 인도의 27살 청년의 말입니다. 태어나면 평생 고통 속에 살아야 하는데도 아기를 노예화하고자 장난감이나 애완동물 대신 자신을 낳았기 때문이라고 합니다.

외부적인 조처 없이 임부 스스로 낳기를 멈출 수는 없는가? 태아 스스로 성장하기를 그만둘 수는 없는가? 누가 이런 생명활동을 주관하는가?

본당 사목회 특히 생명분과의 생명수호봉사자(이하 생수봉) 중에서 어려워 하시는 분, 막막해 하시는 분, 시간이 모자라는 분, 그런 분들에게 작으나마 도움을 드리고 싶었습니다. 하여 천주교서울대교구 생명위원회의 웹진 〈생명을 위하여〉에서 '생명 칼럼' 연재를 시작했고 거기서 모은 원고를 출간하기로 합의를 보았습니다.

짧게 매듭짓고 가는 구성을 했지만 내용은 압축된 것인지라 살짝, 딱딱해졌습니다. 약간의 인내심을 발휘해 주시기 바랍니다.

아울러 성서본문의 표현과 내용 설명의 표현 사이에 있는 일부의 부자연스러움에 대해서는 넓으신 이해를 구합니다.

여러 입장들*

생명, 그 첫 순간에 대한 입장들을 요약해 보면, 이렇습니다. 한 부류는 호흡도 없고 아버지가 권한을 행사할 수도 없는 태아를 인간으로는 인정하지 않았던 스토아학파와 고대 그리스-로마의 입장, 수정되고 일정 기간이 지나 영혼이 각혼(覺魂) 상태의

---

* 이하의 내용은 〈졸고, 「생명복제」, 공저, 『생명공학과 가톨릭윤리』, 가톨릭대학교출판부, 서울 2004, 311-354쪽〉에서 요약함.

배아^{胚芽}에게 주입된 때(남아는 40일, 여아는 80일)부터 인간으로 간주했던 아리스토텔레스학파와 후기스콜라학파의 입장, 자궁 밖에서 자생력이 없는 태아는 인간이 아니라 모체의 일부라는 입장, 인간의 특징인 뇌가 형성된 후에야 인간이기에 뇌사^{腦死}가 되면 인간이 아니라는 입장, 유실되는 수정란이 많기에 자궁 착상에 성공은 해야 인간이 된다는 입장 등등으로, 이는 발달주의적인 관점들입니다.

또 한 부류는 철학과 생물학을 결합한 것으로서, 인간성의 본질은 개체성^{individuality}에 있다는 것, 하나의 배아 안에는 오직 하나만의 인격$^{human\ person}$이 있어야 한다는 것, 그러므로 쌍둥이가 될 가능성이 완전히 없어지는 시점, 즉 원시선$^{primitive\ streak}$이 출현하는 수정 후 약 14일 이후라야 인간이 된다는 것으로, 이는 생물학적 존재론^{ontology}의 관점입니다.

하지만 생물학적 진리에 따르면, 정자와 난자가 결합하는 수정의 순간부터 인간 생명 즉 인격이 시작된다는 것입니다. 수정의 첫 순간부터 부^{父}도 모^{母}도 아닌, 전혀 다른 제3의 존재, 유일한 개체, 즉 인간 생명이 되는 것입니다. 편의상 구분하기는 하지만, 배아 발달의 단계와 단계 사이에는 필연적인 연속성^{連續性}과 일체성^{一體性}이 엄연히 존재하기 때문입니다. 비록 '우연적인 예외 현상'인 쌍둥이가 될 가능성을 빌미로 인간 배아의 인격성을 무시하거나 이를 이용하거나 이윤추구를 위해 허가를 내줄 그 어떤 국가적 권위도 민주 시민적 권한도 없습니다.

교부들의 가르침

교부들의 견해를 구분해 보자면, 이렇습니다. 부모로부터 수정되는 순간에 영혼이 주입된다는 '부모 전수설', 하느님에 의해 수정과 동시에 주입된다는 육체와의 '동시 창조설', 어떤 시기가 지나 하느님에 의해 창조되어 주입된다는 '나중 창조설' 등입니다.

그러나 이런 논의들은 인간의 원죄(原罪)가 어떻게 자녀에게 전달되는지에 대한 논쟁에서 파생된 것이기에, 생명의 첫 순간에 대한 논쟁과는 결이 달랐습니다. 왜냐하면 교회는 "어떤 시기에 행하던 간에 모든 낙태행위를 항상 단죄"해 왔기 때문입니다. 테르툴리아누스 교부는 이렇게 말합니다.

> "하지만 지금 우리에게는 살인이 금지되어 있다. 피가 인간으로 형성되고 있는 결정적인 동안에라도 자궁 안의 배아를 파괴하는 것은 정당하지가 않다. 출생을 막는 것은 살인을 앞당기는 것이며,

이미 태어난 영혼을 제거하는 것 또는 그것을 파괴하는 것과 다름이 없다. 모든 열매는 이미 그 씨앗 안에 있듯이, 사람이 될 자는 이미 사람이다(Homo est et qui est futurus)."

교회의 공식 가르침은 생명의 첫 순간은 '잉태(수정)와 동시에 하느님에 의해 직접 창조된 영혼이 주입이 되는 때'인 것입니다(DS 1007 그리고 3220-3222 참조).

나가는 말 "법정에서 너를 무너뜨리겠다."

서두에 언급한 인도 청년의 어머니도 당당합니다. 한정된 지구 자원에 대한 아들의 우려에 주목하면서도 "아들은 태어나기도 전에 부모가 동의를 받으려 노력할 수 있었음을 합리적으로 설명해야 한다."고 항변합니다.

눈치 채셨겠지만, 이 소송은 이생이 고해^{苦海}라는 부정적 세계관 속에서 윤회의 사슬에 대한 모자간의 '영성 대결'인 셈입니다.

"당신은 사랑받기 위해 태어난 사람"이라고 노래하지요? 우리 생수봉 님들, 과연 왜 태어나셨나요?

우리라는 인간, 왜 생겨나는가?

"주님께서 나를 모태에서부터 부르시고 어머니 배 속에서부터 내 이름을 지어 주셨다."(이사 49,1)

들어가는 말 염세주의는 삶의 찬양?

"자살은 개인의 절대적 권리"라고 쇼펜하우어는 자살을 예찬합니다. 또 에밀 시오랑은 막말도 합니다. "자기 자신의 결함을 자식에게 전달하는 것, 그래서 자신이 겪었던 시련을 어쩌면 더 지독한 시련을 자식에게 강요하는 것은 범죄행위다… 부모들이란 모두 무책임한 자들이거나 살인자들이다."

이 둘의 공통점은 지독한 염세·비관 주의자이면서도 끝까지 자살하지 않고 '자연사' 했다는 점이지요.

왜 생겨나는가를 알기 위해서는 왜 죽는지, 또 사후의 삶은 어떤지를 성찰해보면 그 이유가 보다 더 또렷해질 것입니다.

죽음에 관한 종교별 성찰

거칠게 요약해 보자면, 이렇습니다. 첫째, 불교에서는 극단의 방법까지 동원해 삶의 무상, 윤회의 사슬고리에서 벗어나 '해탈'하도록 집중합니다. 둘째, 유교에서는 "죽음에 대해서는 아는 것이 없다."는 공자가 그저 '산 사람'처럼 대우하도록 가르쳤기에 장례절차만 기형적으로 발달했는데, 내세관來世觀의 빈곤으로 인해 무속신앙의 영향을 받아 '가족-조상 숭배'에 집중하는 것으로 봅니다. 셋째, 도교에서는 기식氣息이 결합하면 산 것이고 흩어지면 죽은 것이라고 여기는데, 특히 장자는 담담하게 생生과 사死는 그저 하나일 뿐이라 보기에 더 이상 의미 부여할 것이 없는 듯합니다. 넷째, 무교巫敎에서는 숨결 속에 혼, 넋이 있어서 호흡이 끊어지면 죽는다고 봅니다. 이때 넋이 저승에 안착해 신神의 지위가 되어 자손을 보호하게 되면 호상好喪이고, '행복한 죽음'을 맞이하지 못해 저승에 안착安着하지 못하게 되면 '떠돌이 넋'이 되는데, 이때 심지어 가족-친지도 공격을 받게 되면

악상(惡喪)이라고 합니다. 악상일 때 저승계와 이승계를 여행하는 매개자 무당이 떠돌이 넋을 위로하고 대리만족을 시켜줌으로써 그의 안착을 돕는다는 것입니다. 불교에서 윤회사상과 결합한 천도제(薦度祭)를 지내는 것, 조선조 유교에서 제삿밥을 못 먹는 귀신을 위로하는 여제(厲祭)를 지내는 것, 이것들은 무교가 끼친 영향으로 보입니다.

여기서 '행복한 죽음'이 될 조건이란 자손이 많고, 영화를 누렸으며, 자녀들이 입회한 가운데, 고통 없이, 안방에서 사망하는 것입니다. 너무너무 솔직하지요?

사후 세계에 관한 주요 이론들

요약해 보자면, 이렇습니다. 첫째, 인간 인격의 '완전한 소멸' 이론인데, 매우 편리한 해결책이며 실증·과학·유물·역사주의 계열이 여기에 속합니다. 단점은 인간이 체험하는 자의식·선택자유·자기조월 등의 실재를 완전히 무시하게 된다는 점입니다.

둘째, 카르마(karma)에 의한 '부분 재생' 이론인데, 개인의 선행이든 악행이든 하나하나가 전체 우주의 삶에다 '흔적'을 남긴다는 힌두교적 원리입니다. 카르마를 통해 단편적인 조각으로나마 '재생'된다고 하니 가톨릭교회의 '모든 성인의 통공' 교리와 일부 상통해 보입니다. 단점은 개개인의 의지적 노력과 인격의 영원성을 완전히 무시하게 된다는 점입니다.

셋째, 환생에 의한 '전체 재생' 이론인데, 인간으로 재생하든 하위 동물로 재생하든, 통째로 재생된다고 하니 가톨릭교회의 육신 부활과도 일부 상통해 보입니다. 단점은 과거의 인간 조건 속에서 행한 선 또는 악을 현재의 전혀 다른 조건 속에서 상 또는 벌로 책임져야 한다는 점, 현재의 사회적 불의와 차별을 고착화시키려는 정치적 통치 이념에 악용될 소지가 있다는 점, 자의식과 자유가 없어진 더 낮은 하위 동물들에게는 속죄도 정화도 불가능해진다는 논리적 어려움이 있다는 점입니다.

나가는 말 세상에 초대되어 하느님 '아빠의 찬스' 사용

경제적 파산, 자녀들의 사망, 육체적 질병, 아내의 비웃음, 영적인 시험 등등, 사중오중의 질곡桎梏에 짓눌린 채 의인義人인 욥조차도 이렇게 원망을 쏟아놓습니다. 《어찌하여 내가 태중에서 죽지 않았던가? 어찌하여 내가 모태에서 나올 때 숨지지 않았던가? … 젖은 왜 있어서 내가 빨았던가? 나 지금 누워 쉬고 있을 터인데. 잠들어 안식을 누리고 있을 터인데.»(욥기 3,11-13).

그러나 성경은 처음부터 알려주었습니다. «하느님께서 말씀하셨다. "우리와 비슷하게 우리 모습으로 사람을 만들자. 그래서 그가 바다의 물고기와 하늘의 새와 집짐승과 온갖 들짐승과 땅을 기어다니는 온갖 것을 다스리게 하자."»(창세 1,26).

왜 태어났느냐고요? 세상이 물어올 때마다 우리 신자들은 이렇게 답해왔습니다. «문: 사람이 무엇을 위하여 세상에 났느뇨? 답: 사람이 천주를 알아 공경하고, 자기 영혼을 구(救)하기 위하야 세상에 났느니라.»(천주교요리문답 1번). 감사합니다.

Ⅱ. 동성애

히에로니무스 보스의 '쾌락의 정원'_1480-1490년

■ 동성애는 모두 타고난 성향인가?

동성애는 모두 타고난 성향인가?

"그리고 여러분은 사람을 차별하지 않고
각자의 행실대로 심판하시는 분을 아버지라 부르고 있으니,
나그네살이를 하는 동안 두려워하는 마음으로 지내십시오."(1베드 1,17)

들어가는 말 "하나님 왜 하필 나예요?"

어느 개신교 계열의 인터넷매체에서 한 성소수자 부모모임 인터뷰의 내용인데, 아들이 게이라는 것을 알았을 때 "머릿속이 그냥 말 그대로 하얘졌다"고 합니다. 그 모임에 나온 부모들의 특정 요소는 아무 것도 없는 그저 평범한 가정이며 "아이들이 타고났다"는 것입니다.

성정체성에 대한 표본조사

미국 록펠러 재단이 제공한 넉넉한 후원으로 인디애나대학교 교수였던 킨제이는 역대급 숫자인 5,300명의 남성에 대해 표본 조사한 결과를 1948년에 발표하였는데, 4%의 남성이 평생을 동성애자로 일관했으며 37%의 남성이 쾌락을 동반한 경험을 1회 이상 가졌다고 합니다. 이후 5,940명의 여성에 대해서도 표본 조사한 결과를 1953년에 발표하면서 성적 지향에는 '연속성'이 있다고 했습니다.

문제 1 성정체성은 지향인가? 선택인가? 성향인가?

이미 눈치를 채셨겠지만, 지향^{intention}일 수도 있고 선택^{choice}일 수도 있지만 타고난 성향^{disposition}일 수도 있습니다. 현대 과학에서 볼 때 명백한 판정기준은 없기에 킨제이 보고서를 신뢰한다면, 동성애적 쾌락을 경험한 남성 중 평생을 동성애자로서 유지한 것은 4%의 남성뿐입니다. 여덟 배가 넘는 33%는 의지적이거나 일시적인 선택이었으며, 어떤 이유에서든 '지향 변경'을 한 셈입니다. 동성애 관련된 입장·문서·면담에 있어서 염두에 둘 사항입니다.

문제 2 공동체의 해체인가? 다양성의 한 부분인가?
         혼인에 대한 도전인가?

기껏 4% 정도의 남성이 국가공동체에 위해를 가할 것은 아닐 것이기에 다양성의 한 면으로 보면 좋겠습니다.

그러나 동성애자가 자기방어 차원에서 '시민결합'civil union을 넘어 혼인marriage과 동등한 권리(공공의 의료·취업·정보·주책·복지·상속·입양 등)를 주장하는 것은 공동체가 용인tolerance할 범위를 넘는 것입니다. 또 국가마다 문화적·교육적·정서적 고유함이 나름 있고, 양성평등과는 또 다른 의미의 '성평등'에 대한 첨예한 문제를 마주할 젊은이들 특히 청소년들에게 국가공동체가 포기할 수 없는 혼인·출산·양육에 대한 의미, 보람, 가치를 희화하고 훼손하며 왜곡시킬 위험도 고려해야 하기 때문입니다.

입양의 문제도 논란중이지만, 남아들의 입양이 너무 부진하기에 이미 국내법으로도 독신자에게 입양의 기회는 열려있습니다.

명백한 것은 혼인자가 누리는 권리는 독신자도 동성애자도 탐낼 몫이 아니라는 점입니다.

문제 3 "성소수자 가족의 불행의 주범은 한국교회" vs "교회가 침묵하면, '동성애차별금지법'이 통과"

'포괄적차별금지법' 법안에 대해 중앙일간지 등에 실린 반대 광고문구들을 보면 아주 자극적입니다. "동성애를 죄라고 하면 2년 이하의 징역, 천만원 이하의 벌금형에 처해진다." 또는 "나라 지키러 군대 간 내 아들, 동성애자 되고 AIDS 걸려 돌아오나" 등등, 당사자와 그 가족의 가슴에 대못을 박는 것이겠지요. 2007년 처음 법안 발의되어 폐기·발의가 반복되고 있는데, 거기서 가장 큰 쟁점은 성적 지향에 대한 '표현의 자유'입니다.

법이 발효된다면, 고용, 재화·용역의 공급·이용, 교육, 행정서비스 제공·이용에 있어서 동성애에 대한 혐오 표현은 명백히 금지될 것이며 처벌도 받게 됩니다. 예컨대, 광화문광장이나 교회에서 한 혐오표현은 처벌대상이 아니지만, 학교나 직장에서 한 혐오 표현은 처벌대상이 될 것입니다.

민감한 사회 문제로서 에이즈나 항문질병 관련한 전염성 여부에 대해서는 동성애 그룹에서의 발생률이 유의미하게 높은 것도 사실입니다. 고용·임용에 있어서는 숫자는 적겠지만 역차별이 발생할 수도 있습니다.

나가는 말 성기능은 "참사랑 안에서 상호자기 증여와 인간 출산의 온전한 의미를 보존"

〈가톨릭교회 교리서〉는 "간과할 수 없을 만큼의 상당한 수의 남녀가 동성애적 성향을 타고 났다. 그들의 경우는 스스로 동성연애자의 처지를 선택한 것이 아니다."라고 함으로써 '일시적' 동성애자와 분명히 구분하고 있습니다(2358항).

문제는 불치적인지 일시적인지를 구분할 방법들이 딱히 없다는 것, 그저 본인의 '일관된 주장'일 뿐이라는 것입니다. 애매한 상황에서는 '이성복장착용'을 하고 살아보는 방법이 권고되곤 합니다.

더 큰 과제는 아직 성정체성에 있어서 자아형성이 안 된 청소년 또는 덜 된 사람에게 연결고리처럼 이어지는 성·사랑·혼인·출산의 의미, 보람, 가치를 어떻게 구현할 것인지 입니다. 그리고 성기능을 "인간의 본성과 그 행위의 본질에서 이끌어낸 객관적 기준, 곧 참사랑이라는 맥락 안에서 상호 증여와 인간 출산의 온전한 의미를 보전하는 그러한 기준으로 결정되는 그 도덕성"과 어떻게 조화시킬 것인지 입니다(사목헌장 51).

당연한 것입니다만, 어떤 '욕구'가 있다고 또는 특정 '성향'을 타고났다고 그의 '행위'까지 자동으로 면책되는 것은 아닙니다. 둘이 합의해 관계를 맺는 이성애자끼리도 도덕적으로 규제를 받고 민·형사상의 처벌을 받을 수 있습니다. 동성애자도 예외 없이, 성적 자기통제에 실패하면, 어떤 식으로든 책임을 져야 하고 사법처리의 대상이 될 수 있습니다.

왜 그리고 어떻게 통제해야 하는지, 생명의 '3종1세트'인 성·사랑·출산 속에서 성적 통제 즉 '정결한 삶'에 대해 성찰해 보겠습니다. 감사합니다.

III. 정결

마사초의 '에덴동산에서의 추방' _ 1427년

- 성적 욕구와 정욕은 어떻게 다른가?
- 성욕보다 더 강한 본능이 있다

성적 욕구와 정욕은 어떻게 다른가?

"너는 네 남편을 갈망하고 그는 너의 주인이 되리라"(창세 3,16)

들어가는 말

자라는 청소년의 성적 욕구에 대해 한 엄마의 근심어린 하소연입니다. "신부님, 제 옆집의 고교생이 중학생인 자기 여동생을 임신시켰습니다. 제 두 아들에게 뭐라도 말을 해야 하겠는데, 걱정만 앞섭니다. 몰래 인터넷 음란물을 통해 성교육을 배우고 있는 눈치입니다. 그저 혼인 전까지는 아무 일 없기를 바랄 뿐입니다."

그렇지만 전문직 의사도 약사도 성·사랑·출산과 직·간접으로 관련된 의료행위와 약품보급 때 일어나는 양심의 갈등을 이렇게 합리화 합니다. "제가 거절하면 어차피 또 다른 곳으로 갈 텐데, 그래서 해주고 맙니다."

몸의 성적 욕구, 그 통제는 가능한가? 나름의 교회다운 대안은 있는가? 예, 있습니다.

시대적 요청으로서 몸의 신학

적어도 교회적 대안은 폴란드 크라쿠프 대교구에서 준비되었고 1979년 9월 5일 바티칸광장 일반알현 때 교황님의 공적 가르침이 시작되었습니다. 성 요한바오로 2세 교황님의 〈몸의 신학〉(이하 TOB) 말입니다.*

TOB의 배경은 1960년 미국 FDA가 경구피임약 판매를 허용하면서 인공약품이나 기구를 통한 수태조절·가족계획이 인간의 몸과 영혼을 분리시키고 가족과 사회 공동체의 해체를 가속화하리라는 심각한 우려들이었고, 그 대안으로서 '몸'이란 단어 하나로 성서 전체와 교회 가르침 속에서 하느님의 계획과 인간적 사랑 그리고 혼인의 성사성에 담겨있는 가치, 그런 적합한 인

---

*참고: 요한바오로 2세, 「몸의 신학」, 졸역, 가톨릭대학교출판부, 2015.

간학적이고 교육학적인 가치를 읽어내고자 한 것이 TOB인 것입니다(TOB 59:3; TOB 59:7; TOB 118:1).

부부의 성적 '욕망'과 '정욕'의 차이

이미 상당수의 생수봉 분들은 알고 계시겠지만, TOB에 따르면, 청소년의 자연스러운 성적 욕구^{urge}와 부부간의 정당한 성적 욕망^{desire} 그리고 탐욕적인 정욕^{concupiscence}은 본질적으로 다릅니다. 사람은 "남자와 여자로 창조"되었고 "혼자 있는 것이 좋지 않으며"(창세 1,27; 2,18), 해부학적으로도 남녀는 상호 보완적이기에 서로에게 자신을 선사$^{mutual\ self\text{-}giving}$해야 합니다.

그러나 "한 몸"이며 "내 뼈에서 나온 뼈요 내 살에서 나온 살"일 정도로 상호 선사하던 아담과 하와의 '욕망의 관계'가 선악을 알게 하는 나무 열매를 통해 지배-소유하려는 '정욕의 관계'로 변질됩니다. "네 남편을 갈망함"(배우자에게 음욕을 품음)으로써 새로운 관계 즉 "너의 주인"이 되어버리는 주종 관계로 전락시키는 것입니다. 인격적으로 상호 선사해야 할 몸을 자신의 쾌락을 위해 소유·착취할 몸으로 삼는 관계, 다시 말해, 욕망의 관계에서 정욕의 관계로 타락되는 것입니다.

신부의 "두 젖가슴은 한 쌍의 젊은 사슴, 쌍둥이 노루 같다"는 신랑의 시선과 "음욕을 품고 여인을 바라보는 자"의 시선은 전혀 다릅니다(아가 7,4; 마태 5,28). 상대의 몸을 지배·소유하려는 남녀는 부부이기에 배우자를 상대로 '몸으로' 간음할 수는 없지만, "마음으로" 간음할 수 있고 그래서 부부간에 정욕의 죄를 범하게 됩니다(마태 5,27). 성적 행위라는 외적인 무늬는 비슷해도, 내적 동기인 그 뿌리가 다르면 행위의 열매가 전혀 달라집니다. 책임성, 죄의 정도가 달라지는 것입니다.

자기 자신에 대한 인식의 수단 상대를 향해 인격적으로 선사

인간의 영혼은 몸을 통해 자신을 표현하게 되는데, 이때 몸과 영혼이 함께 움직이면 '인격적 행위'가 되지만, 따로 움직이면 '비인격 행위'가 됩니다.

그리고 내가 아무런 말도 표정도 몸짓도 없이 가만히 있으면, 상대방은 나를 알 수가 없습니다. 동시에 나도 상대를 향해 나 "자신을 아낌없이 선사"ª sincere gift of himself 해보지 않으면, 인식론적으로나 발달심리학적으로나, 나 자신조차도 내가 어떤 사람인지 모른 채로 있게 됩니다. 그러나 내가 상대에게 말을 걸며

다가가 친교를 맺을 수 있는 것처럼 남녀가 부모를 떠나 친교 그 이상으로 서로 결합해 "한 몸"을 이룬다면(창세 2,24), 인간 위격들의 결합communion of persons이 됨으로써 "진리와 사랑 안에 있는 하느님 자녀들의 결합과 신적 위격들의 결합communion of Persons이 지닌 어떤 유사성"이 구현됩니다(사목헌장 24:3). 즉 삼위일체이신 하느님을 인간이 닮았다는 증거가 되는 것이지요.

나가는 말

지면의 여건상, 청소년의 성적 욕구에 대한 언급을 별로 못한 점에 대해 이해를 구합니다. 분명한 것은 부부가 침실에서 서로를 내밀하게 배워가듯이, 청소년도 자신의 몸을 통해 표정, 혀, 입술, 손짓과 발짓의 언어를 익히고 그리고 생식기의 변화를 통해 책임 있게 몸의 언어language of the body를 점차 배워가야 합니다.

현대인이 많이 바빠졌습니다. 유혹해야 할 악마는 더욱 바빠졌습니다. 그래서 악마가 발견한 가장 효과적인 방법, 바로 부부가 사용하는 몸의 언어를 교란시키는 방법입니다. 그리하여 부부를 상호 분열시켜 파멸로 이끄는 목적을 달성하게 되지요.

청소년의 컴퓨터와 어른의 스마트폰, 심지어 부부의 침실이 '악마의 운동장'이 되어버립니다. 편리한 그러나 과장된 현대 문물 속에서, 그래서 유혹이 많아진 이 세상에서 부부는 어떻게 정결을 닦아야 할까요? 청소년 자녀들은 또 어떻게 키워야 할까요?

성욕보다 더 강한 본능이 있다

"육의 욕망과 눈의 욕망과 살림살이에 대한 자만은
아버지에게서 온 것이 아니라 세상에서 온 것입니다.
세상은 지나가고 세상의 욕망도 지나갑니다.
그러나 하느님의 뜻을 실천하는 사람은 영원히 남습니다."
(1요한 2,16-17)

들어가는 말

성욕은 본능일까요? 그렇지요. 그래서 "성을 통해 인류는 위대한 영적 깨달음에 이르게 되고, 그렇게 하여 세상을 변화시킬 것이며, 나아가 지상낙원에 이르는 유일한 길을 밝혀줄 것이다"라며 큰 낙태회사를 차린 생어^{Margaret Sanger}의 주장도 "인생 행복의 핵심은 성적 행복이다"라며 '성의 혁명'을 주장한 라이히

Wilhelm Reich의 주장도 일리는 일부 있습니다.

그러나 오늘날 우리는 가히 '성의 폭발' 시대를 살고 있지만, 아니 이 두 사람의 간절한 바람대로 임신의 두려움 없는 '피임의 만능' 시대를 살고 있지만, 지상 낙원도 인생 행복도 더 멀어져 버린 듯합니다. 인간의 본능 안에는 성욕만 있는 것이 아니기 때문이지요.

성과 성욕이 지닌 본성

성은 "한 사람의 생리적, 심리적, 영신적 차원에서 남자나 여자가 되게 하고 성숙으로 나아가게 하며 사회적응을 크게 좌우하는 특징을 주는 것"이라고 본다면(성윤리상의 특정문제에 관한 선언 1항), 성욕도 삼중적 차원을 지닌 것입니다. 한마디로, 성욕은 건강과 청춘이 있다는 생생한 증거입니다. 아버지가 될 힘이고 어머니가 될 능력이며, 초월과 영원을 향한 에너지입니다. 부부가 아닌 이들에게는 불편이며 부담의 원인이기도 하지만 부부에게 성은 분명 "기쁨과 즐거움의 원천"인 것입니다(가톨릭교회 교리서 2362항).

신학적으로 볼 때 성은 그 자체로 하느님의 선물이며 선善입니다. "내 뼈에서 나온 뼈요 내 살에서 나온 살"이 "한 몸"이 되게 합니다(창세 2,23.24). 그러나 타락한 본성에서는 알몸을 가리게 하고 "두려워 숨게" 만듭니다(창세 3,7.10). '부끄러움'의 대상이 되게 합니다.

그러므로 성적 본능을 이렇게 요약해 줍니다. "인간의 성 본능은 육체와 영혼의 일치 안에서 인간의 모든 측면에 영향을 미친다. 이는 특히 정서, 사랑하고 자녀를 출산하는 능력, 그리고 좀 더 일반적으로는 타인과 친교 하는 능력에 관련된다."(가톨릭 교회 교리서 2332). 그러므로 성욕은 상호인격 간의 자기전달의 에너지이며 출산을 통한 지속적 창조의 수단이 되기에 정당하게 존중하고 타당하게 보장해야 합니다. 아울러 성욕이 지닌 자기개방과 외부를 향한 호기심과 모험성에 대해서는 항구적으로 책임있게 행동 하도록 배워가야 합니다.

정결덕을 가능하게 하는 조건

그리스도교에서 정결^{chastity} 개념은 처녀성, 총각성이라는 물리적 의미라기보다는 오히려 '지향의 일관성'이라는 정신적 의미라고 하겠습니다. 배우자를 향해 일관된 자기증여$^{self\text{-}giving}$로서

'정결한 혼인'Casti Connubii이 모든 부부에게도 가능한 것이기에 모든 사람은 정결을 닦도록 초대받은 것입니다. 비혼 상태나 동성의 관계에서도 추구할 "정결은 특히 이웃과 나누는 우정으로 표현된다. 동성이나 이성 사이에 발전된 우정은 모두에게 큰 선익을 준다. 우정은 영적인 친교로 발전한다."(가톨릭교회교리서 2347).

덕의 가장 기본은 하느님을 사랑하고 이웃을 사랑하도록 몸에 익히는 것입니다. 즉 '사랑의 계명'을 익히는 것입니다. 인간 본능에는 식욕도 수면욕도 성욕도 생욕도 있고 이 모두를 넘어서 남을 아껴주려는 '애욕'愛欲도 있습니다. 이웃을, 동료를, 가족을 아끼고 위해주려는 욕구, 또한 그들을 마음 아프게 하거나 슬픈 채로 두지 않으려는 측은지심의 욕구도 인간 본능에서 나온 욕구입니다. 우리를 창조하신 그 "하느님은 사랑이시기 때문입니다."(1요한 4,8).

핵심은 사랑이신 하느님과 그분의 주도권을, 특히 성적 욕구에 있어서, 진심으로 받아들이는 것입니다. 죽 끓듯 변하는 내 의지와 내 결심을 믿지 말고 변치 않으시는 하느님을 믿어야 합니다. 그러므로 정기적으로 양심 성찰과 의식 성찰을 통해 하느님 성령께서 내게 직접 개입하시고 주관하시도록 그 성령을 수

락하고 직접 모셔 들여야 합니다. 내 말로, 내 입술로, 모셔 들이는 청원을 직접 그리고 자주 바쳐야 합니다.

지면의 사정상 교회가 가르치는 '정결수련법'을 요약해 보자면, 이렇습니다. «현대의 신자들은 순결한 생활을 위해서 교회가 항상 추천해 온 방법을 사용해야 한다. 그 방법이란 감각과 정신의 훈련, 죄의 기회를 피하기 위한 경계와 지혜, 정숙의 준수, 절제 있는 오락, 건전한 추구, 항구한 기도, 고백성사와 성체성사를 자주 받음이다. 젊은이들은 특히 하느님의 원죄 없는 모친께 대한 신심을 열심히 기르고, 성인들과 다른 성실한 사람들, 특별히 순결 실천에 탁월하였던 젊은이들의 생활을 모범으로 삼아야 한다.»(성윤리상의 특정문제에 관한 선언 12항).

나가는 말

정결수련을 위한 기본자세는 남녀 모두에게 정숙함^{modesty}입니다. 부부간에도 내의바람으로 돌아다니지 않는 그런 조심성 말입니다. 다른 더 중요한 덕목 수련에 있어서도 그렇지만, 내지르고 보는 성격이나 끝장을 보려는 습관을 지녔다면, 정기적인 의

식성찰과 함께 기도하고 또 기도해야 합니다. 변화됩니다. 변화되어 갑니다.

각자는 자신의 신분에 따라 '선택한 명예'를 소중히 여겨야 합니다. 비혼자는 우정을, 부부는 신의를, 봉헌된 독신자는 서원을 각각 지켜야 합니다. 자신이 처한 신분에 맞게 '성욕의 진화'를 위해 특히 '3과'(과도한 긴장·과음·과체중)를 경계하며 땀나도록 운동하되, 성욕의 통제에 실패했을 때는 '단식'도 해야 합니다.

가계부를 쓰면서 청빈하게 물질을 사용하고, 웃어른(부모·장상)의 뜻에 순명하면서 조심성을 키워야 합니다. 그런 의미에서 정결, 청빈, 순명은 모든 이가 닦을 성윤리의 3종1세트인 셈입니다.

청소년의 성욕에 대해서는 또 다루지 못했습니다만, 다른 기회를 보도록 하겠습니다. 감사합니다.

Ⅳ. 안락사

빈센트 반 고흐의 '슬퍼하는 노인'_1890년

- I want to die!
- 조력 자살은 자율성의 종말

I want to die!

"그들만은 이 고통스러운 곳에 오지 않게 해 주십시오."(루카 16,28)

들어가는 말

"그래요. 죽는 것은 당신의 권리입니다." 제법 알려진 스위스 안락사단체의 공동대표가 국내 언론과 한 인터뷰 내용인데, 자신의 단체에 전화한 사람들이 '죽고 싶다'고 할 때 말해 준답니다. 그리고 스위스 연방대법원의 '스스로 판단능력이 있는 사람이라면 누구나 자신의 삶을 끝내는 시간과 방법에 대해 정할 권리가 있다.'는 결정도 덧붙여 줍니다.

인터뷰 내용 중 자신들의 '조력 자살'은 한 방에 끝내주는데 "고독한 자살의 경우 10~20번 실패한 경우가 있고 심지어 50

번 실패한 경우도 있다."고 말합니다. 생사를 가르는 전투의 현장도 아닌데, 10번, 20번, 50번을 실패한 자살자들은 과연 진정으로 죽고 싶었던 것일까? 궁금해집니다.

 살아있는 닭 한마리 잡는 것도 섬뜩한데, 문제는 <u>스스로 죽을 권리를 위해 타인에게 자신을 죽여 달라고 요구할 권리는 있는가</u>? 그리고 타인은 그의 권리를 위해 죽여줄 의무가 있는가? 다른 많은 문제도 있지만, 생사에 대한 자기결정권이 있는지, 있다면 누가 최종의 '안락'을 줄 권능이 있는지, 그런 당당한 권리를 행사할 때 남겨지는 가족·친지는 왜 트라우마를 당해야 하는지, 의문은 계속 생깁니다.

안락사의 개념과 종류 그리고 혼란

 개념 자체도 전쟁이 많았던 고대 그리스시대에 '좋은 죽음'이라는 의미에서 안락사^{euthanasia}라는 단어가 나왔습니다. 대체로, 전투가 없는 지금은 불치의 질병 등으로 극심한 고통을 겪고 있는 환자 본인이나 그 가족의 요청으로 죽음을 앞당기거나 생명유지의 영양물·약물 투여를 중단함으로써 생명을 단축시키는 행위 정도로 이해되고 있습니다.

  그 종류는 행위로 볼 때 적극적·소극적 또는 직접적·간접적, 의지로 볼 때 자의적·비자의적·반자의적, 동기로 볼 때 자비적·존엄적·도태적, 등등. 하여 많게는 12가지나 됩니다. 크게 보면, 연명의료결정법에 따라 연명의료를 중단하는 자연사(소위 존엄사), 생명유지에 필수적인 영양물·수액 공급까지를 중단하는 소극적 안락사, 의료인이 직접 독극물을 투입하는 적극적 안락사 등으로 구분합니다만, 의료인 조력에 의한 자살도 섞여서 용어 사용에 큰 혼란을 주고 있습니다.

  그 조건은 대체로, 환자가 온전한 정신으로 직접 일관되게 반복해서 요구하고, 환자의 고통이 참을 수 없으며, 합리적인 대안 치료가 없을 때, 의사가 최소 1명 이상의 동료의사와 상의한 후 '적합한 방식'으로 실시할 때로 한정합니다.

  현실은 누가 안락사 되는지, 누가 안락사를 시키는지, 자살인지 타살인지, 누구의 책임이고 권리인지 등에 대해 각자가 원하는 대로 알아듣고 알고 있는 만큼 사용하고 있는데, 문제는 동일한 단어를 사용하고 있다는 점입니다.

안락사의 '선진국' 스위스

소위 안락사라 부르지만 정확하게는 '의사 조력에 의한 자살'이며 본인이 직접 독극물 약을 집어먹거나 직접 주사액 장치를 열어 체내에 주입되도록 해야 합니다. 의사에 의한 조력자살과 함께 직접 안락사까지 합법화된 최초의 나라는 네덜란드입니다만(2002년), 병원이 아닌 전문단체가 설립되어 '비즈니스 모델'로도 성공한 나라는 스위스가 아닐까 싶습니다.

스위스는 국토가 험준한 산악지대이며 언어도 문화도 서로 다른 연방제라는 국가적 특수성도 있겠지만, 형법에 '자살방조죄'의 처벌조항이 있음에도(형법 제115조) '이기적 동기'만 아니면 처벌받지 않는다는 것입니다. 그래서 다섯 개의 단체가 '비영리기구'라고 표방하고 있지만, 한해 200여 명의 안락사 실적을 올리니 수익금이 상당합니다.

통계적으로 볼 때는 장점도 보입니다. 1994년 당시 세계 최고이며 우리나라의 두 배나 되던 스위스의 자살률이 2016년에 와서는 절반으로 감소했다는 것입니다.

또 다른 논란은 그 전문단체들의 주요 수입원이 스위스의 내국인보다는 외국인에게서 나온다는 점입니다. 외국인에게도 조력자살을 제공하는 근거가 무엇인지 물으니 '평등권' 때문이랍니다. 독극물 제공에도 외국인 차별금지를 적용할 만큼 절박한 속사정은 무엇인지… 혹시 "보호자와 함께 환자 본인이 직접 입국해야 한다."는 방침이 안락사에 관심 갖는 외국인들에게 '관광 상품'으로써 안락사를 판매하려는 나름의 틈새시장을 염두에 둔 것은 아닌지 모르겠습니다.

한국인의 의견

아이고 죽겠다, 죽여버리겠다, 등등. 일상에서 죽음을 너무 쉽게 표현해서일까요? 한국인의 자살률은 OECD 국가 중 1위를 여전히 유지하고 있으며, 노인 자살률은 OECD 국가 평균의 세 배가 넘습니다. 어떤 2019년 설문에 의하면, 약 80.7%가 소극적 안락사에 찬성했습니다. 이는 3년 전의 66.5%보다 14.2%가 상승한 것이라고 하는데, 아쉽게도 살인으로서 안락사인지 조력에 의한 자살인지조차 구분하지 않은 조사로 보입니다.

문제는 안락사를 원하는 사람들이 꼽는 핵심 이유로서 '참을 수 없는 고통'은 과연 있는가?

조력 자살은
자율성의
종말

"여러분 가운데에 고통을 겪는 사람이 있습니까?
그런 사람은 기도하십시오."(야고 5,13)

실천적 문제 1 통제할 수 없는 통증이란 없다.

안락사를 찬성하는 대다수가 '견딜 수 없는 고통' 때문이라고 응답하지만, 정작 임상에서는 모든 통증은 통제할 수 있습니다. 그럼에도 불구하고 병원에서 통증을 경험하게 되는 이유는 두 가지일 것입니다. 하나는 진통제 투여량을 높이면 심폐기능도 떨어져 호흡곤란이 일어나 사망에 이를 수 있기 때문인데, 이는 많지는 않은 경우로서 '어쩔 수 없는' 통증이기에 견뎌야 합니다. 또 하나는 진통제마다 환자마다 특성의 차이가 있는데도 진통제 투여량의 조절을 결정할 의료 자격자가 현장에 없기 때문인데, 이는 대부분으로서 '어쩔 수 있는' 통증이기에 병원 당국이 개선할 사안인 것입니다.

실천적 문제 2 "가장 저렴한 대책"*

안락사 즉 의사조력자살을 최초로 합법화시킨 나라가 네덜란드이며 처음에는 말기질병 환자일 것이라는 조건을 붙였습니다만, 그 범위가 점점 확대되었습니다. 현재는 '견딜 수 없는 고통' 등의 이유로 '의사 두 명'만 설득하면 됩니다. 예컨대, 시력상실, 우울증 및 타인의 보살핌을 견디고 싶지 않다면, 그리고 외로움에 시달리며 지내는데 지쳤다고 느낀다면, 여기에 해당됩니다. 이미 부모의 개입 의지에 따라 임신 20주 이내의 태아에게도, 아기에게도, 미성년자에게도 허용했습니다.

십 년간 세 배가 증가하는 동안(2013년 현재 4,829명), 삶의 질을 제공하는 완화치료$^{palliative\ care}$ 프로그램 개발에 있어서는 다른 나라에 비해 많이 뒤쳐졌습니다. 여느 선진국이 다 그렇듯이 곧

---

* 뉴스위크 기자 윈스턴 로스, "극단으로 치닫는 안락사", 중앙일보 2015.3.1.일자 참고.

고령자가 30~40%나 증가할 것인데, 노인·경제적 약자·장애자 등이 순서대로 안락사에 내몰릴 것입니다. 지옥문이 열린 셈입니다.

실천적 문제 3 "강력한 파급효과"

자기 몸에 대한 결정권, 자기 생명에 대한 '자율성'을 기본 권리라고 주장하는 이들이 있지만, 일단 의사조력자살로서 안락사는 인간 '자율성의 종료행위'이기에 자기모순에 빠지는 것입니다. 그리고 연대감·인내심·최선의 노력 등등의 소중한 인간 가치들은 빠르게 약화되거나 쉽게 무시되어 버립니다.

조력자살을 지지하는 또 다른 주요 이유가 "남에게 짐이 되기 싫다"는 것인데, 이는 거룩한 자기희생이라기보다는 남의 도움은 다 쓸 데 없다며 가족을 향한 극단적 이기심의 발로이거나 또는 말기환자로서 무의미한 수고와 고통을 안겨준 의료진에 대한 분노의 표현일 수 있습니다.

관련된 홍보물을 보다 보면, 인간의 죽음과 고통에 대한 가장 근본적인 의문은 무시한 채 안락사가 아주 좋고 깔끔하며 아무런 위험도 없는 것이라고 차츰 세뇌洗腦되어 갑니다. 지지자도 늘

어납니다. 이웃나라에도 빠르게 파급됩니다.

실천적 문제 4 "기소된 의사는 0명"

조건이 완화되다보니 '이중의 안락사' 요구도 생겨납니다. 말기환자인 배우자를 보살피다가 혼자 살아남고 싶지 않다는 자신과 그 배우자에게, 정신분열증의 쌍둥이 둘에게, 심지어 자기 부모 둘에게 동시에 조력자살을 하도록 주선했다는 사례도 있습니다. 그러나 문제는 네덜란드에서 남용 사례들조차 사후의 심의 사안이기에 비록 불법이 드러나더라도 조력자들에 대해 처벌까지는 안 한다는 점입니다.

실천적 문제 5 "히포크라테스 선서에 위반"

소위 안락사는 쉽게, 깔끔하게, 간단히 죽을 수 있는 '의료적 처치'인데, 정작 그 주체인 의사들 대다수는 이를 히포크라테스 선서에 반하는 끔찍한 행위로 간주하고 있습니다. 합법적 낙태에 있어서도 그렇듯이 의료진으로 하여금 돌이킬 수 없는 길로 떠밀어 넣는 행위이며, 여러 사정은 있겠지만, 생명을 살려야 하는 의료인에게는 자기부정 행위이며 그러기에 양심의 반발$^{objection\ of\ conscience}$이 요구되는 사안입니다.

가톨릭 교회의 가르침 '호스피스 간호'를 받을 권리

매에는 장사가 없는 것을 알기에 우리도 누구의 것이든 고통 앞에서는 모두가 겸손해야 합니다. '견딜 수 없는' 통증에 대해 "환자에게 반드시 필요한 정상적인 간호를 중단하지 않도록" 하되(생명의 복음 65), "진통제를 쓰는 치료는 사심 없는 사랑의 행위다. 따라서 이 치료행위는 장려되어야 한다."는 것입니다(가톨릭교회 교리서 2279). 그리하여 수분·영양물·통증완화제 공급을 받다가 호흡곤란 등으로 수명 단축이 오더라도 용인되며 받아들여야 한다는 것입니다.

나가는 말

소위 고려장^{高麗葬}이란 단어가 입길에 오르곤 합니다만, 정착 사회에서는 있을 수 없는 관습이기에 아마도 고려 전체를 폄훼시킬 목적으로 지어낸 단어로 보입니다. 그만큼 노약자를 돌보는 일이 고통스러운 일이라는 반증이기도 하겠지요.

그러나 안락사 즉 의사조력자살을 인간의 기본 조건인 생노병사^{生老病死}를 외면하게 하거나 존엄사^{尊嚴死}로 포장해서는 안됩니다. 노인에 대한 존중과 돌봄은 세대 간의 "계약"입니다(생명의 복음 94). 감사합니다.

V. 낙태죄

페테르 파울 루벤스의 '유아대학살'_1611년

- 태아를 죽이는 행위, 죄가 아닌가?
- 아이를 죽이는 행위, 그래서 대죄 아닌가?

태아를
죽이는 행위,
죄가 아닌가?

"내가 그대에게 무슨 죄를 지었기에, 그대는 나와 내 왕국에
이렇게 큰 죄를 끌어들였소?
그대는 해서는 안 될 일을 나에게 저질렀소."(창세 20,9)

들어가는 말   낙태가 죄가 아님을 알게 되었다?

"처음엔 여성단체 모임에 나가서 울기도 많이 울었다. 그때 눈물 섞인 이야기에 귀 기울여준 이들이 큰 힘이 되었다. 그렇게 나는 낙태한 것이 죄가 아님을 알게 되었다."(『걸페미니즘』 261쪽).
이게 무슨 말입니까? 미성년 시절 낙태를 선택한 어느 여성의 잘 다듬어진 글을 읽어나가며 그 분이 겪었던 답답함과 두려움을 공감했고 분노감까지 함께 공유해 왔는데, 어찌된 일입니까?

"죄가 아님을 알게 되었다."는데, 그분의 단언斷言으로 볼 때 그동안 본인의 마음 고생, 몸 고생이 모두 헛수고였다는 뜻인가? 그렇다면, 그분의 글에 함께 마음으로 답답해했고 속상해 한 나는 무언가?

2021년 1월 1일부터 우리나라의 낙태 관련 모든 형법규정과 범죄가 '정지' 또는 '소멸'되었기에 법적으로는 '진공'상태가 되었습니다. 시급한 주제이기에 낙태죄 현황에 대한 성찰을 해 보겠습니다.

헌법재판소의 헌법불일치 판결

"죄가 아님을 알게 되었다" 표현이 가슴을 또 짓누릅니다. 남의 생명을 죽이는 행위에 대해 죄가 아니라고 누가 감히 그렇게 알려주었을까? 자신의 아기로부터 불의한 공격을 받아 정당방위를 행사한 것인가? 살해해도 괜찮은 적군이었나? 무죄한 이를 죽이는 행위가 죄가 아니면 무엇이 죄인가?
이어지는 대목에서는 더욱 기가 막힙니다. "그 뒤로 임신중절 경험에 관련된 인터뷰를 했고, 낙태죄 폐지를 위한 사진 프로젝

트에 참여하여, 낙태한 날짜를 배에 적어 사진을 찍었다. 그렇게 임신중절 경험을 이야기했고 이야기할수록 자유로워졌다."(같은 책, 262쪽). 이성도 양심도 마비된 인간의 돌변이 무섭다는 생각마저 듭니다.

이런저런 이유로 낙태행위가 죄가 아님을 알게 되었다는 사람들이 나타났습니다. 철부지 청소년들 정도가 아니라 공부를 많이 하셨고 어려운 시험을 통과하셨다는 헌법재판소 재판관 분들이었습니다. 한국 사회에 2019년 4월 11일 형법의 '낙태죄'에 대해 '헌법불합치' 판결을 내렸고(2017헌바127/ 합헌 2명, 단순위헌 3명, 불합치 4명), 2020년 12월 31일까지 대체 입법을 만들라고 하였습니다. 이유를 요약하자면, 첫째로 여성의 자기결정권에 대한 지나친 제한이 있었다는 것, 둘째로 기존 형법과 모자보건법을 통해 형사처벌이 기대하던 태아생명에 대한 보호 역할을 못한 현실을 반영했다는 것 입니다.

그런데 여기서 여성의 자기결정권이란 임신의 지속 또는 중시를 말하지만 내용은 태아를 죽이느냐 살려줄 것이냐를 결정한다는 것입니다.

하지만 천 만 걸음을 양보해서 보더라도 여성의 임신은 혼자의 힘으로 된 것이 아니기에 직접적 이해 관계자인 태아의 아버지가 존재하고 있고 또 피해 당사자인 태아에게는 "기본권 중의 기본권"인 생명권과 직결되어 있습니다. 정당한 사유가 없는 한 단독으로 결정할 일이 아닌 것입니다.

헌법재판소 판례에서도 "태아도 헌법상 생명권의 주체"임을 이렇게 선포합니다. "이러한 생명에 대한 권리, 즉 생명권은 비록 헌법에 명문의 규정이 없다 하더라도 인간의 생존본능과 존재목적에 바탕을 둔 선험적이고 자연법적인 권리로서 헌법에 규정된 모든 기본권의 전제로서 기능하는 기본권 중의 기본권이다. 모든 인간은 헌법상 생명권의 주체가 되며, 형성 중의 생명인 태아에게도 생명에 대한 권리가 인정되어야 한다. 따라서 태아도 헌법상 생명권의 주체가 되며, 국가는 「헌법」 제10조에 따라 태아의 생명을 보호할 의무가 있다."(헌법재판소 2008. 7. 31. 2004헌바81 전원재판부 「민법」 제3조 등 위헌소원에서 결정요지 3).

나가는 말 "낙태가 아이를 죽이는 것이라는 생각이 내 안에도"

"마음은 계속 변했다. (낙태) 수술을 해야지 하다가도, 아이를 낳아야 하겠다는 마음이 들기도 했다. 낙태해서는 안 된다는 생각도 조금 들었다⋯ 낙태를 하는 것은 '아이를 죽이는 것'이라는 생각이 내 안에도 있었기 때문이다."(같은 책, 246쪽).

이 여성의 마음 안에도 살인이라는 생각도 있었듯이, 여성의 자기 결정권이 태아의 기본인권인 생명권을 박탈하는 것이기에 무제한 확대하는 것은 위헌적 사안임을 헌법재판소가 직접 확인해 준 셈입니다.

이제 우리나라 정부가 예고한 대체입법의 내용이 무엇인지, 살펴보겠습니다.

아이를
죽이는 행위,
그래서 대죄 아닌가?

"헤로데가 아기를 찾아 없애 버리려고 한다."(마태 2,13)

낙태죄에 대해 예고된 정부안
배우자 동의 없이도 임신 '14주 이내'는 완전 자유화

기존 형법과 모자보건법에 대해 헌법불합치 판결이 내려진 이유는 임신 초기의 여성에게까지 지나치게 자기결정권을 제한했고 또 기대했던 태아생명의 보호 역할도 하지 못했다는 것입니다.

그러나 태아 생명을 보호해주지 못했으면, 지금이라도 더욱 분발해야 할 것입니다. "태아에게도 모든 인간이 지닌 선험적이고 자연법적인 생명권이 있고 국가가 헌법 제10조(행복추구권 및 기본인권 보장)로 보호해야 한다."고 했기 때문입니다(헌법재판소 2008. 7. 31. 2004헌바81). 더구나 민법에서 태아는 이미 출생한 것으로 인정합니다(제762조; 제1000조).

그럼에도 불구하고 일부 여성단체 등의 압력에 시달린 정부는 조건부로서 대체입법을 마련하라는 기한까지 넘겨버렸지만, '임신 14주 이내 낙태의 전면 허용'이라는, 장고 끝에 악수를 내놓고야 말았습니다. 낙태허용 사유를 모두 무력화시켰고, 공동 이해당사자인 '배우자의 동의' 조항마저 삭제해 버림으로써(모자보건법 제14조), 임부 '혼자' 결심하면 묻지도 따지지도 않고 타인의 생명을 임의로 처리해도 된다는 것입니다. '국민의 생명과 재산을 보호해야' 할 국가와 정부의 역할에 대한 정당성마저도 의심이 들게 합니다(참조: 헌법 전문).

임신에 이르게 되는 절차를 볼 때, 남성은 물론 여성도 스스로 이미 자기결정권을 행사한 것이고, 이어질 결과에 대해서도 동의한 것으로 인정해야 하는 것이 상식이며 순리일 것입니다.
게다가 어떤 특정인이 치료 목적이 아닌 자기 결정권을 행사하는데 국민세금이 들어가는 공공의 의료자원(의사 · 약사 · 제약사)을 끌어다 쓰겠다는 것은 동의하기 어렵습니다. 또한 한 개인에게는 난처한 상황일 수 있겠지만, 소위 '프라이버시' 문제일 수 있겠지만, 국민의 생명과 건강 지킴이로 국가가 양성하고 자격을 부여한 전문 의료인을 '청부살인업자'로 내몰리게 만들 수도 있습니다. 그래서 의료진의 '양심적 반발'conscientious objection이 생기게할 수도 있는 것입니다.

또한 '배우자의 동의' 조항의 삭제에 있어서는, 필수적인 공동 이해관계자인 상대 남자의 자기 결정권을 원천적으로 박탈하며 헌법적 가치인 "행복 추구권"을 박탈할 수도 있게 됩니다(헌법 제10조). 혹시라도 양육비 문제를 외면하는 '배드 파더스'bad fathers 경우라면, 어렵지 않은 유전자확인 등을 통해 책임을 분담하게 할 수 있을 것입니다.

의료적으로 애매한 시한 14주

정부안에서 볼 때 임신 14주 이내는 무제한 낙태 자유이고, 그리고 15주부터 24주 이내에는 상담 및 24시간의 숙려기간만 거치면, '사회·경제적 사유'가 있는 것으로 간주해 낙태를 허용하겠다는 것입니다. 어디서 '14주 이내'라는 것이 나왔는지 그 근거도 애매합니다.

사실, 악법이라고 비난 받았던 모자보건법조차도 의료기술 발달로 인한 태아의 생존한계를 고려해 처음 '28주'에서 '24주'로 범위를 좁혔고(제15조), 이는 '22주'를 권고한 헌법재판소 의견에게도 반하는 것입니다. 전문가인 대한산부인과학회 등에서는 '10주 미만'이라는 의견을 제출한 바 있습니다.

살아있는 양심의 척도 사회·경제적 사유

가난하면 학교도 못 가고 돈 못내면 급식도 안 주며 병원도 쉽게 못 가던 시절, 1인당 국민총소득이 고작 약 430 달러였던 1973년, 사실상의 낙태자유화 법이었던 모자보건법조차도 차마 못 집어넣은 것이 바로 '사회·경제적 사유'였습니다. 엄혹했던 정부에서조차도 가난하다고 낙태시키는 것은 차마 못할 짓이라고 본 것입니다. 약 3.3만 달러 시대를 사는 지금에 와서 사회·경제적 사유를 집어넣겠다는 것은 국민적인 양심의 반발을 일으키게 할 것입니다.

전국의 모든 사람을 아울러야 하는 정부의 입장을 이해하고 원칙적으로 지지하기는 합니다만, 2017년 대한산부인과협회가 연간 낙태건수를 110만 건으로 추정할 때 정부(보건복지부)는 고작 5만 건으로 축소시켜 추정한 바 있습니다. 불법이 되기도 어려울 정도로 자유로운 낙태에 대한 죄를 범한 의사의 자격에 대해 '1개월 정지'하는 행정처분의 규정도 있기는 하지만, 이마저도 2018년 2월 이후 1건도 적용하지 않고 있습니다.

초저출산 사회를 벗어나기 위해 15년간 225조원을 썼다고는 하는데 출생률은 세계 꼴찌인 이 나라 정부는 국민의 생명과 재산을 보호하려는 정부가 아니라 특정단체의 이익을 보호하는 정부 같습니다. 심지어 다른 나라의 정부인 양 겉돌고 있다는 느낌마저 듭니다.

나가는 말 하늘이 무너져도 솟아날 구멍

"생명에 대한 음모"가 거대하게 확산되고 있습니다. 선악을 혼동하게 하고 선은 악을 이길 수 없다는 무력감이 우리를 압도해 버립니다(「생명의복음」 12항 · 24항 · 29항). 그리고 편리를 추구하는 이기심과 이를 부추기는 언론 매체 때문에 '음모'가 더 커질 것 같은 예감도 듭니다.

그럼에도 불구하고, 죄가 무겁다고 벌이 무섭다고 해서 선과 악을 혼동하지는 말아야 합니다. 이 세상에 솟아날 구멍은 있습니다. 최선이 안 되면 차선을 택합니다. 최악은 피하고 차악을 선택하면 됩니다.

교회가 비록 낙태를 단죄하고 있지만, 또한 회개하는 죄인에 대해서는 하느님의 무한하신 자비를 중재하며 그리스도의 이름으로 용서를 베풀고 있습니다. 출산이 어려운 인간적 갈등의 상황에서 기도하셨고 순명하셨으며 마침내 구세주이신 예수님을 낳아주신 성모님, 그 믿음의 여인께서도 동반해주심을 믿기 때문입니다. 감사합니다.

VI. 동물 생명

루카스 크라나흐의 '에덴동산' _16세기

- 피조물의 탄식과 진통 그리고 해방
- 동물의 복지 그리고 그의 안락사...

피조물의 탄식과 진통 그리고 해방

"참새 다섯 마리가 두 닢에 팔리지 않느냐? 그러나 그 가운데 한 마리도 하느님께서 잊지 않으신다."(루카 12,6)

들어가는 말 7월은 동물 유기의 계절

최근 통계로 볼 때, 통상 2월부터 늘어 7월에 가장 많이 발생하는 유기 동물(개·고양이)은 전년보다는 3.9% 줄어든 13만 4백여 마리(개 73.1%, 고양이 25.7%, 기타)였지만, 통상 그 '절반'은 보호소에서 죽습니다.

아내나 남편에게만 사용하던 반려자, 짝 반(伴) 짝 여(侶), 반려라는 품격 있는 수식어를 동물에게 붙이는 것도 견뎌주었건만, 그 '반려'라는 단어가 민망하고 속상해집니다. 동물이 인류에게 기여한 물리적 지원, 의약품 개발, 경제적 혜택, 정서적 도움은 가히

상상 그 이상의 것입니다.

그럼에도 불구하고 인간과는 종도 유전자도 다르며 평균 수명도 1/4을 채 못 살기에 인간의 '짝', 반려가 되는 것은 애초부터 불가능합니다. 그러니 '동반'companion 동물 또는 '애완'pet 동물이라고 해야 어울리겠습니다. 필자는 '동반 동물'이라 부르겠습니다.

필자가 천착해온 윤리신학에서 동물 실험(쥐·토끼·원숭이 등)에 관한 윤리도 다루긴 하지만, 최근에는 특히 동반 동물에 대해 이런 윤리신학적 질문도 받곤 합니다. "신부님, 우리 아이(개·고양이)도 죽으면 천국에 가나요?"

구약 성경의 말씀   인간보다 형님인 개와 누님인 고양이

하느님께서 "우리와 비슷하게 우리 모습으로" 사람을 만드시기 전날, 이미 "집짐승을 제 종류대로… 만드셨다."고 창세기는 전합니다(창세 1,25.26). 그리고 하느님께서 새로 창조하실 "새 하늘 새 땅"에서도 인간과 함께 늑대와 새끼 양, 사자와 소, 뱀 등이 동거하며 그들도 생존을 이어갈 존재들이라고 이사야는

예언했습니다(참조: 이사 65,17.25).

동물을 향한 복음 예수님의 희생제사 금지

예수님께서는 "내가 바라는 것은 희생 제물이 아니라 자비다"라고 말씀하심으로써 동물(송아지 · 어린양 · 조류)을 잡아 불사르는 제물의 가치가 무의미함을 선언하셨습니다(마태 12,7). 그리고 "또 '마음을 다하고 생각을 다하고 힘을 다하여 그분을 사랑하는 것'과 '이웃을 자기 자신처럼 사랑하는 것'이 모든 번제물과 희생 제물보다 낫습니다."라고 하심으로써 희생 제물의 하찮음과 가장 큰 계명으로서 이 이중적 사랑이 우월함을 명백하게 밝히셨습니다(마르 12,33).

이 말씀을 동물의 입장에서 볼 때, 예수님의 복음은 인간에게뿐 아니라 도살될 동물에게도 기쁜 소식이며 해방의 말씀이었던 것입니다.

바오로 사도의 생태 · 우주론적 구원 "피조물의 해방"

바오로 사도가 이미 생태 · 우주론적 구원의 희망을 일깨워주었다는 점은 우리를 무척 놀라게 하고 당황스럽게도 만듭니다. 하느님의 자녀가 나타나면, 피조물도 덩달아 죽을 운명에서 해방되고 짐승들이 자유도 누리게 된다는 것입니다. 다시 말해, 성령의 선물을 받은 우리의 몸이 속량된다면, 그래서 우리가 하느님의 자녀가 된다면, 인간이 누릴 자유를, 물론 구별과 순서가 있겠습니다만, 개도 고양이도 누리며 더 이상 죽지 않고 고통에 신음하지 않게 된다는 말씀입니다. "사실 피조물은 하느님의 자녀들이 나타나기를 간절히 기다리고 있습니다… 피조물도 멸망의 종살이에서 해방되어, 하느님의 자녀들이 누리는 영광의 자유를 얻을 것입니다. 우리는 모든 피조물이 지금까지 다 함께 탄식하며 진통을 겪고 있음을 알고 있습니다. 그러나 피조물만이 아니라 성령을 첫 선물로 받은 우리 자신도 하느님의 자녀가 되기를, 우리의 몸이 속량되기를 기다리며 속으로 탄식하고 있습니다."(로마 8,19-23).

나가는 말

피조물이라면 인간처럼 이성도 영혼도 감정도 없을 텐데, 왜 탄식하며 어떻게 진통을 겪고 있다는 것일까? 또 먹고 먹히는

'포식'의 생태계에서 어떻게 해방된다는 것인가? 과연 동물의 권리·복지는 있는가?

끝으로, 나와 함께 살아온 동반 동물과의 작별은 어떻게 해야 하는가? 안락사가 꼭 필요할 때는 어떻게 해야 할까?

여기 "피조물의 탄식과 진통"이라는 바오로 사도의 표현을 잘 기억해 주시기 바랍니다.

동물의
복지 그리고
그의 **안락사**...

주님, …당신 공정은 심연처럼 깊어 사람과 짐승을 다 지켜 주시나이다.
(시편 36,7)

먹고 먹히는 '포식'의 생태계에 대한 이해

전체 자연 생태계에서 볼 때 동물의 일부 포식捕食 행위와 하느님 자비하심 사이에 잠시 궁금증이 생기긴 합니다. 그러나 극히 미미한 수준이기 때문에 생태계의 균형과 질서 유지의 필요성에 대한 '교육적 메시지'로 이해하거나 탐욕과 남용으로 전체 균형이 깨져 생길 '파국에 대한 경고'의 의미로 간주해야 할 것입니다. 오히려 생태계 먹이사슬의 최상위에 있는 인간이 탐욕적인 동물단백질 소비와 과장된 과잉 생산의 체제가 피조물의 탄식과 진통을 자아내게 한다고 봅니다(로마 8,22 참조).

소위 '강아지 공장'puppy mill과 같이 동물의 공장식 사육, 항생제 남용, 잔인한 도축 방법 등도 문제이지만, 가축에게 전염병이 돌거나 돌 가능성이 있을 때는 그 탄식과 진통이 자못 심각해집니다. 가축이 가스나 전기로 의식이 없어졌을 때 도살하도록 법이 규정하고 있지만(동물보호법 제10조) 대량으로 동물을 산 채로 땅에 묻어버리는데, 방역요원들에 따르면, 동물들의 울음소리로 그야말로 '생지옥'이 됩니다. 그들도 트라우마로 고통을 심하게 겪곤 합니다.

인간의 우월성과 동물의 복지권

예수님께서 구원은 자녀들이 먼저 차지하고 강아지는 나중이라고 그 순서를 명백히 밝히셨습니다(마르 7,27-28). 인간이 하느님을 닮은 위대한 존재이기도 하기에 다른 동물과 생태계에 끼치는 영향도 압도적이고 절대적이기 때문이겠지요. 바오로 사도 역시도 멸망의 종살이에서 해방되기 위해서는 하느님의 자녀들이 먼저이고 피조물은 나중이라고 서열을 확인해 주었습니다(로마 8,19-21).

하지만 동물의 복지와 권리를 논하는데 가장 큰 장애물은 인간 우월성superiority에 대한 과장된 해석이 아닐까 합니다. 과거의 신학 연구 때는 없었던 최근 동물 연구의 성과에 의하면, 제한된 수준이긴 하지만 일부 동물은 인식 능력도 있고 또 자기의 감정도 표현합니다. 그러므로 인간이 지닌 하느님 모상성의 의미는 자연계를 다스리고 돌보는 '책임성'으로 해석해야 한다고 보며 우월성이 동물에게 '불필요한 고통'을 줄 무제한의 권리를 부여하는 것도 아니라는 것입니다(예: 피터 싱어, 앤드류 린지). 한마디로, 자연계의 관리 책임자로서 인간은 동물에 대해 '노블레스 오블리주'noblesse oblige여야 하는 셈입니다.

동물과 관련한 성서 근거는 이렇습니다. 살코기 중에서도 생명을 상징하는 '피'만은 먹지 말도록 제한한다는 점(창세 9,4), 동물에게 물을 제공해야 하고(루카 13,15) 우물에 빠졌을 때 구출해 줘야 한다는 점(루카 14,5), 비록 원수의 것일지라도 소나 나귀가 길을 잃었을 때 집으로 데려다 주고 또 짐에 눌려 쓰러졌을 때 함께 일으켜주어야 한다는 점(탈출 23,4-5), 모든 집짐승도 안식일에는 쉬게 해야 한다는 점(신명 5,14), 나귀를 세 번 이상 때리지 말라는 점(민수 22,32)입니다.

적극적으로는 표현하자면, 집을 안내 받을 권리, 두려움에서 보호받을 권리, 중노동에 시달리지 않을 권리, 학대(매질) 당하지 않을 권리, 안식일에 쉴 권리인 것입니다.

오늘의 우리 현실에 적용해 볼 때, 동물의 기본권을 이렇게 제시할 수 있겠습니다. 가축에게는 돌아다닐 마당이 있는 집에 거주할 권리, 동료 동물과 친교를 맺을 권리, 자손을 볼 생식의 권리, 인간 공동체와의 동거에 필요한 최소한의 훈련을 받을 권리, 자신의 생리와 질병에 대한 지식을 갖춘 주인을 만날 권리 등등.

동반 동물의 안락사에 대한 단상

동반동물 장례업체의 사이트에 올린 사연들 일부는 딱하기도 하고 안타깝기도 합니다. 부득이하게 안락사를 시켜야 할 때 주인의 펫로스증후군$^{Pet\ Loss\ Syndrome}$을 줄이기 위해서는 이렇게 권고를 드려봅니다. ① 동반동물의 안락사에 대한 결심이 섰을 때 그 동물의 존재를 알고 있는 가족·친지들에게서도 '동의'를 이끌어낼 것, ② 동반동물이 겪을 공포감을 줄여주기 위해 가능하면 집으로 수의사를 직접 부를 것, ③ 진정제나 마취제를 우선 투여하고 안락사 약물을 순서대로 투여하는지 현장에 직접 입회할 것(비용과 시간을 절약하고자 지독한 고통을 초래하게 하는 약물을 바로 주입할 수도 있기 때문), ④ 합법적인 방식의 매장 또는 화장을 해

줄 것, ⑤ 창조주 하느님께 의탁하고 자비를 구하는 기도를 바칠 것 등입니다.

나가는 말

〈가톨릭교회의 교리서〉는 세심하게 동물을 대하신 성인들을 상기시키면서 십계명 중 일곱 번째를 이용해 가르치는데, 요약하자면 이렇습니다. 동물이나 식물이나 무생물 등은 그 본성상 과거와 현재와 미래의 인류 공동선을 위한 것들이라는 점, 하느님께서는 당신 모상대로 창조하신 인간에게 동물을 관리하도록 맡기셨다는 점, 동물을 불필요하게 괴롭히며 마구 죽이는 것은 인간의 존엄성에 어긋난다는 점이며 인간의 빈곤을 구제하는 데에 우선적으로 써야 할 돈을 동물을 위해 쓰는 것도 마찬가지로 옳지 못하다는 점입니다(2415-2417항).

이제는 동반동물을 "우리 아이"가 아니라 '저의 개' 또는 '제 고양이'라고 불러주세요. 감사합니다.

웹진 〈생명을 위하여〉에서 일 년을 연재한 '생명 칼럼'의 이 형식은 일단 여기 열두 개의 글로 마감을 합니다. 또 다른 형식으로 만날 수 있도록 구상해 보겠습니다.

  끝까지 읽어주시고 응원해주신 본당의 생수봉 여러분, 급한 마음에 범한 문법적 오류를 꼼꼼히 봐주신 엘리사벳 자매님, 오해의 소지가 있는 표현을 적절히 봐주신 후고 신부님, 그리고 여러 방법으로 지지해 주신 모든 친지분들에게 감사를 드립니다.
  고맙고 또 고맙습니다.